Wortarten

1

Hier sind alle Wörter kleingeschrieben. Namenwörter schreibt man aber groß. Suche die Namenwörter heraus und schreibe sie mit Begleiter auf.

lineal weiß dick gehen müde auge
rufen warm rot
fenster malen
blatt haben tafel
kopf
müll werfen kleben
buch eng hell leise

2

Schreibe alle Tunwörter auf.

3

Schreibe alle Wiewörter auf.

Lösungen

1 das Lineal, das Auge, das Fenster, das Blatt, die Tafel, der Müll, das Buch, der Kopf

2 gehen, rufen, haben, malen, werfen, kleben

3 weiß, müde, warm, dick, rot, eng, hell, leise

1

Schreibe zu jedem Wiewort das Gegenteil.

a) traurig – ________ b) dunkel – ________

c) leer – ________ d) nass – ________

e) heiß – ________ f) faul – ________

g) leise – ________ h) schnell – ________

i) arm – ________ j) jung – ________

2

Immer ein Wiewort passt nicht zu den anderen. Streiche es durch.

a) rot – grün – eckig – gelb – blau

b) kuschelig – weich – sanft – zart – hart

c) müde – krank – schlapp – munter – faul

d) teuer – billig – kostbar – wertvoll

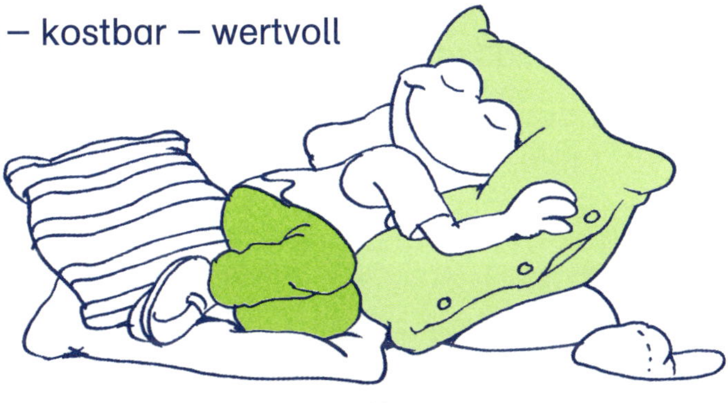

Lösungen

1

a) traurig – fröhlich (lustig) b) dunkel – hell

c) leer – voll d) nass – trocken

e) heiß – kalt f) faul – fleißig

g) leise – laut h) schnell – langsam

i) arm – reich j) jung – alt

2

a) rot – grün – ~~eckig~~ – gelb – blau

b) kuschelig – weich – sanft – zart – ~~hart~~

c) müde – krank – schlapp – ~~munter~~ – faul

d) teuer – ~~billig~~ – kostbar – wertvoll

Wortfeld „Autos“

1 Überlege dir die genaue Bezeichnung der Fahrzeuge und schreibe sie auf.

a)

b)

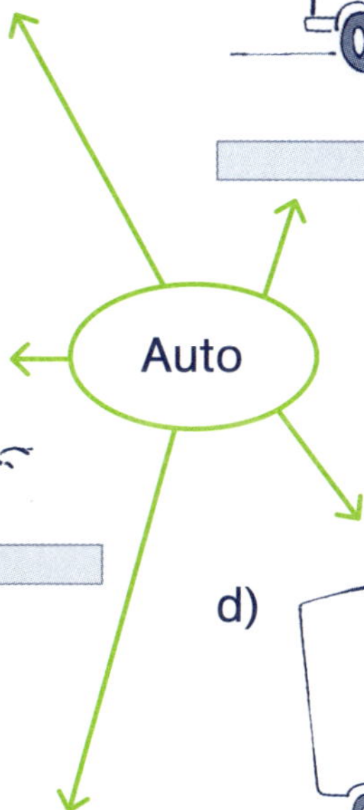

c)

d)

e)

Lösungen

1 Du solltest jeweils einen der folgenden Begriffe verwendet haben.
Statt „-auto“ kann aber oft auch „-wagen“ verwendet werden und umgekehrt.

a) Sportwagen / Rennwagen / Cabrio

b) Krankenwagen / Rettungsauto / Ambulanz

c) Traktor / Trecker

d) Lastwagen / Lkw

e) Feuerwehrauto / Spritzenwagen

Männlich und weiblich

1 Wie nennt man Frauen mit diesen Berufen?
Schreibe die weibliche Form mit Begleiter auf.

a) der Maler b) der Pilot c) der Reporter
d) der Gärtner e) der Arzt f) der Lehrer

a) ______________ b) ______________

c) ______________ d) ______________

e) ______________ f) ______________

2 Ergänze die Sätze: Setze die Fürwörter und die Berufsbezeichnungen ein.

a) Frau Schneider behandelt kranke Tiere.

_____ ist ______________________.

b) Herr Mölder stellt Brot und Kuchen her.

_____ ist ______________________.

c) Herr Schulz fährt Kinder zur Schule.

_____ ist ______________________.

d) Frau Haag verfolgt Diebe.

_____ ist ______________________.

Lösungen

1

a) die Malerin
b) die Pilotin
c) die Reporterin
d) die Gärtnerin
e) die Ärztin
f) die Lehrerin

2

a) Sie ist Tierärztin.
b) Er ist Bäcker.
c) Er ist Busfahrer.
d) Sie ist Polizistin.

1 Setze das angegebene Wiewort ein und achte auf die richtigen Endungen.

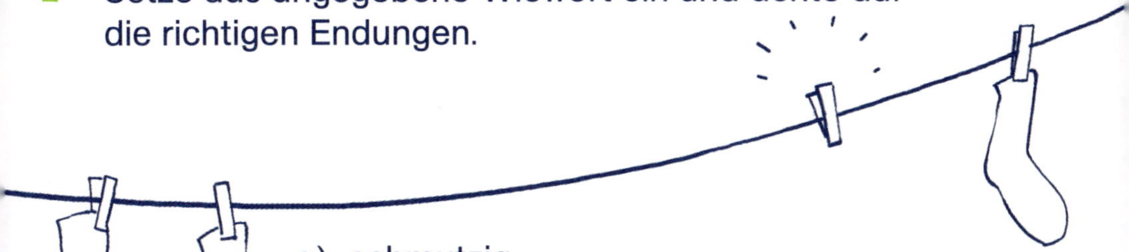

a) schmutzig

eine ____________________ Bluse

ein ____________________ Pullover

ein ____________________ Hemd

viele ____________________ Strümpfe

b) spannend

eine ____________________ Geschichte

ein ____________________ Film

ein ____________________ Theaterstück

viele ____________________ Hörspiele

Lösungen

1

a) eine schmutzige Bluse
ein schmutziger Pullover
ein schmutziges Hemd
viele schmutzige Strümpfe

b) eine spannende Geschichte
ein spannender Film
ein spannendes Theaterstück
viele spannende Hörspiele

Zusammengesetzte Tunwörter

1 Die folgenden zusammengesetzten Tunwörter zerfallen im Satz in zwei Teile. Bilde Sätze, wie im Beispiel. Achte auf das Fürwort.

a) ein Bild ausmalen

Ich male ein Bild aus.

b) ein Foto einkleben

Du

c) eine Aufgabe ausrechnen

Er

d) einen Fehler durchstreichen

Sie

e) 12 mit 4 malnehmen

Wir

f) die Hausaufgaben aufschreiben

Ihr

g) mit dem Schreiben aufhören

Ich

Lösungen

1

a) Ich male ein Bild aus.

b) Du klebst ein Foto ein.

c) Er rechnet eine Aufgabe aus.

d) Sie streicht einen Fehler durch.

e) Wir nehmen 12 mit 4 mal.

f) Ihr schreibt die Hausaufgaben auf.

g) Ich höre mit dem Schreiben auf.

Wortfamilie „fahren“

1 In allen Namenwörtern fehlt der Wortstamm „fahr“. Setze ihn ein. Achte darauf, wann du ihn großschreiben musst.

_________t _________plan

Rück_________t _________rad

_________karte Mit_________er

Ein_________t _________zeug

_________bahn Taxi_________er

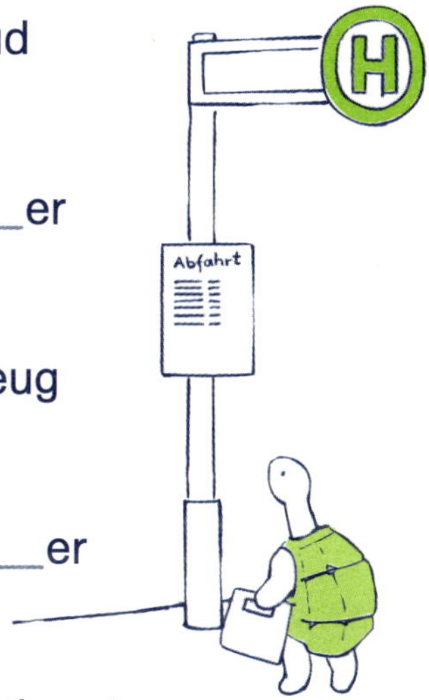

2 Schreibe die Namenwörter mit ihrem bestimmten Begleiter auf.

Lösungen

1

Fahrt	Fahrplan
Rückfahrt	Fahrrad
Fahrkarte	Mitfahrer
Einfahrt	Fahrzeug
Fahrbahn	Taxifahrer

2

die Fahrt, der Fahrplan, die Rückfahrt, das Fahrrad, die Fahrkarte, der Mitfahrer, die Einfahrt, das Fahrzeug, die Fahrbahn, der Taxifahrer

Doppelte Selbstlaute

1 Setze die doppelten Selbstlaute ein:
„aa“, „ee“ oder „oo“.

Kaff___ M___s W___ge

d___f H___re S___le

P___r Schn___ l___r

2 Welche beiden Wörter sind Wiewörter?
Schreibe sie auf.

3 Schreibe alle Namenwörter mit ihrem bestimmten
Begleiter auf.

Lösungen

1 Kaffee, Moos, Waage, Haare, doof, Seele, Schnee, Paar, leer

2 doof, leer

3 der Kaffee, das Moos, die Waage, die Haare, die Seele, der Schnee, das Paar

Wochentage richtig schreiben

1 Schreibe die sieben Wochentage in der richtigen Reihenfolge auf.

2 Setze die richtige Bezeichnung ein.

Der vorletzte Tag der Woche heißt S__________.

3 Trage in das Rätselgitter sechs Wochentage ein.
Achte auf die Buchstaben, die schon dastehen.
Das Lösungswort in der grünen Spalte ist ein Tag, an dem immer schulfrei ist.

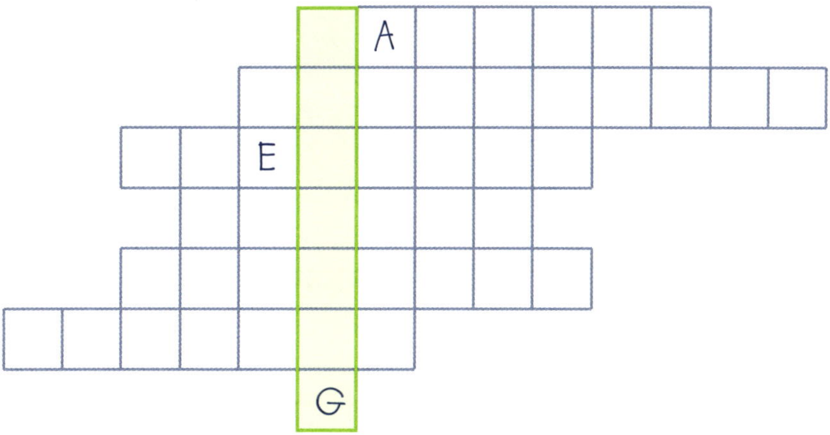

Lösungen

1 Montag, Dienstag, Mittwoch, Donnerstag, Freitag, Samstag, Sonntag

2 Der vorletzte Tag der Woche heißt Samstag.

3

					S	A	M	S	T	A	G		
				D	O	N	N	E	R	S	T	A	G
		D	I	E	N	S	T	A	G				
			M	O	N	T	A	G					
		M	I	T	T	W	O	C	H				
F	R	E	I	T	A	G							
					G								

Ähnlich klingende Mitlaute „d“ und „t“

1 Enden diese Wörter mit „d“ oder mit „t“? Du findest es heraus, wenn du die Mehrzahl bildest und sie aufschreibst. Trage dann den fehlenden Buchstaben ein.

a) das Hef_

b) der Hun_

c) das Pfer_

d) der Arz_

e) das Boo_

f) das Klei_

g) die Han_

h) das Bro_

i) der Mun_

j) das Ra_

k) das Hem_

Lösungen

1

a) das Heft – die Hefte
b) der Hund – die Hunde
c) das Pferd – die Pferde
d) der Arzt – die Ärzte
e) das Boot – die Boote
f) das Kleid – die Kleider
g) die Hand – die Hände
h) das Brot – die Brote
i) der Mund – die Münder
j) das Rad – die Räder
k) das Hemd – die Hemden

Lang gesprochenes „i“

1 Bilde Wörter mit der Endung „-ine“ und schreibe sie auf.

Gard- Ros- Masch- Apfels- Kant- Viol- Margar- Pral- Mandar-	-ine

2 Auch diese Wörter werden mit einfachem „i“ geschrieben, obwohl das „i“ lang gesprochen wird. Ordne sie nach dem Alphabet.

Kino – Tiger – Igel – Fibel – Krokodil – Nilpferd – Augenlid – Berlin – Bibel

Lösungen

1 Gardine, Rosine, Maschine, Violine, Kantine, Margarine, Apfelsine, Mandarine, Praline

2 Augenlid, Berlin, Bibel, Fibel, Igel, Kino, Krokodil, Nilpferd, Tiger

Zusammengesetzte Namenwörter mit Fugen-s

1 Bilde zusammengesetzte Namenwörter.
Achte darauf, ob beim Zusammenfügen ein „s“ eingesetzt werden muss.

a) Geburtstag + Kerze → ______________________

b) Sport + Tasche → ______________________

c) Zeitung + Seite → ______________________

d) Buch + Umschlag → ______________________

e) Fahrrad + Sattel → ______________________

f) Ansicht + Karte → ______________________

g) Hochzeit + Feier → ______________________

h) Uhr + Zeiger → ______________________

2 Unterstreiche die Stellen, an denen du ein „s“ eingefügt hast.

Lösungen

1

a) Geburtstagskerze
b) Sporttasche
c) Zeitungsseite
d) Buchumschlag
e) Fahrradsattel
f) Ansichtskarte
g) Hochzeitsfeier
h) Uhrzeiger

1. Steigerungsstufe

1 Setze jeweils ein passendes Wiewort ein.
Es muss in der 1. Steigerungsstufe stehen.
Verwende jedes Wiewort nur einmal.

a) Im Winter ist es ______________ als im Sommer.

b) Ein Auto ist ______________ als ein Fahrrad.

c) Ein Adler kann ______________ fliegen als ein Huhn.

d) Nach dem Waschen bin ich ___________ als vorher.

e) Im Keller ist es ______________ als auf dem Balkon.

2 Schreibe zu jedem Wiewort die
1. Steigerungsstufe.

a) lang – ____________ b) hoch – ____________

c) dünn – ____________ d) hell – ____________

e) scharf – ____________ f) lieb – ____________

Lösungen

1

a) kälter

b) schneller / größer / teurer

c) höher / besser / schneller

d) sauberer / frischer

e) dunkler

2

a) länger

b) höher

c) dünner

d) heller

e) schärfer

f) lieber

1 Entscheide, ob du nach einem langen Selbstlaut oder Doppellaut ein „ß“ einsetzt oder ob auf einen kurzen Selbstlaut „ss“ folgt.

Flu___	Gru___	Fu___	Ku___
Schlu___	Ba___	Ri___	Spa___
Schlo___	Ma___	Fa___	Strau___

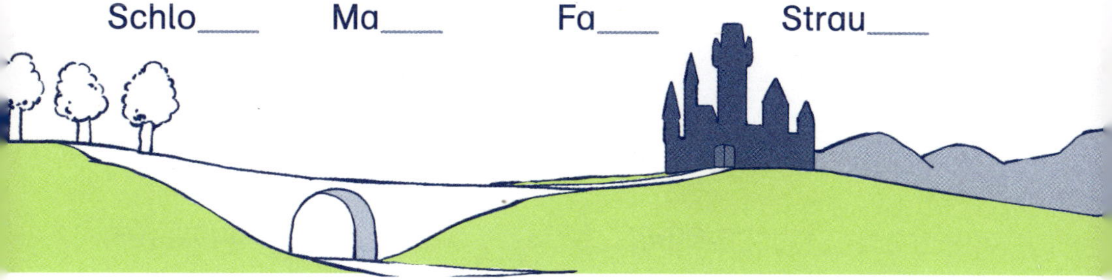

2 Schreibe alle Wörter aus Aufgabe 1 in der Mehrzahl mit Begleiter auf. Achte darauf, dass dabei bei vielen Wörtern der Selbstlaut zum Umlaut wird.

Lösungen

1 Fluss, Gruß, Fuß, Kuss, Schluss, Bass, Riss, Spaß, Schloss, Maß, Fass, Strauß

2 die Flüsse, die Grüße, die Füße, die Küsse, die Schlüsse, die Bässe, die Risse, die Späße, die Schlösser, die Maße, die Fässer, die Sträuße

1 Bilde aus Vorsilbe, Wortstamm und Endung verschiedene Tunwörter und schreibe sie auf.

be- ver- auf- ab-	→	-schreib-	→	-en

2 Setze die Tunwörter aus Aufgabe 1 an den passenden Stellen ein.

a) „Können Sie mir den Weg zum Bahnhof ____________________?"

b) „Ihr dürft nicht vom Nachbarn ____________________!"

c) „Der Arzt wird dir einen Hustensaft ____________________."

d) „Ihr solltet euch die Hausaufgaben ____________________."

Lösungen

1 beschreiben, verschreiben, aufschreiben, abschreiben

2
a) beschreiben
b) abschreiben
c) verschreiben
d) aufschreiben

Wortstamm erkennen

1 Unterstreiche bei allen Wörtern den Wortstamm.

sehen
entsetzlich
Fernseher
übersehen
Übersicht
Aufsehen
besetzt
Seht!
Gesetz
sichtlich
Gesichter
ersetzen
Aufsicht
Sicht
setzen

2 Sortiere die Wörter nach ihrem Wortstamm.

seh	setz	sicht

Lösungen

1 sehen entsetzlich Fernseher übersehen

Übersicht Aufsehen Seht! besetzt

Gesetz sichtlich Gesichter

ersetzen Aufsicht Sicht setzen

2

seh	setz	sicht
sehen	entsetzlich	Übersicht
Fernseher	besetzt	sichtlich
übersehen	Gesetz	Gesichter
Aufsehen	ersetzen	Aufsicht
Seht!	setzen	Sicht

Ähnlich klingende Mitlaute „B/b“ und „P/p“

1 Setze „B/b“ oder „P/p“ ein.

Lam_e	Die_e	stol_ern	kle_en
Tau_e	Ra_e	_utzen	_iene
_izza	_ohren	_ie_en	trü_e

2 „B/b“ oder „P/p“? Finde es heraus, indem du eine Form des Wortes suchst, bei der du es genau hörst. Schreibe das Hilfswort auf und setze den richtigen Buchstaben ein.

a) der Stab – die Stäbe

b) gehu_t – ______

c) die Erlau_nis – ______

d) das Rau_tier – ______

e) der Lum_ – ______

f) lie_ – ______

g) er pum_t – ______

Lösungen

1 Lampe, Diebe, stolpern, kleben, Taube, Rabe, putzen, Biene, Pizza, bohren, piepen, trübe

2

a) der Stab – die Stäbe

b) gehupt – hupen / die Hupe

c) die Erlaubnis – erlauben

d) das Raubtier – rauben / der Räuber

e) der Lump – die Lumpen

f) lieb – lieben / die Liebe

g) er pumpt – pumpen / die Pumpe

1 Alles, was Mutter sagt, hat Kira schon längst erledigt. Schreibe ihre Antworten in der 2. Vergangenheit auf. Denke an die Zeichen für die wörtliche Rede.

a) Mutter: „Räum dein Zimmer auf!“

Kira: „Ich habe ______________________________

______________________________________ .“

b) Mutter: „Putz deine Schuhe!“

Kira: ______________________________

____

c) Mutter: „Gieß deine Blumen!“

Kira: ______________________________

____

d) Mutter: „Schieb dein Fahrrad in die Garage!“

Kira: ______________________________

____

Lösungen

1

a) „Ich habe mein Zimmer aufgeräumt.“

b) „Ich habe meine Schuhe geputzt.“

c) „Ich habe meine Blumen gegossen.“

d) „Ich habe mein Fahrrad in die Garage geschoben.“

1 „Äu“ oder „eu“? Finde es heraus, indem du eine andere Form des Wortes suchst. Schreibe das Hilfswort auf und setze die richtigen Buchstaben ein.

a) B_äu_me – der Baum

b) L___fer – ___

c) Tr___me – ___

d) Fr___nde – ___

e) K___fer – ___

f) L___se – ___

g) B___len – ___

h) S___getier – ___

2 „Ä“ oder „e“? Setze den richtigen Buchstaben ein.

L___nge   Anf___nge   D___cke   Tr___ger

R___gen   W___rme   R___geln   St___rke

Lösungen

1

a) Bäume – der Baum

b) Läufer – laufen / der Lauf

c) Träume – der Traum

d) Freunde – der Freund

e) Käufer – kaufen / der Kauf

f) Läuse – die Laus

g) Beulen – die Beule

h) Säugetier – saugen

2

Länge, Anfänge, Decke, Träger, Regen, Wärme, Regeln, Stärke

Wortfeld „sagen“

1 Diese Tunwörter beschreiben, wie sich jemand äußert. Ordne sie von „ganz leise“ bis „ganz laut“.

- rufen
- erklären
- schweigen
- brüllen
- toben
- flüstern
- schreien
- wispern
- reden
- sprechen

– ________

____

____

____

____

____

+ ________

____

____

____

Lösungen

1 Innerhalb jeder Gruppe darfst du die Reihenfolge auch anders haben, als es hier steht: Diese Wörter bezeichnen ungefähr die gleiche Lautstärke.

schweigen

wispern, flüstern

reden, sprechen, erklären

rufen, schreien, brüllen, toben

1 Hier siehst du, was Tims Hund Bello alles tun soll. Schreibe Tims Aufforderungen auf. Denke an das Ausrufezeichen am Ende des Satzes.

a) Stöckchen holen
b) nicht so laut bellen
c) Ball herbringen
d) zu Herrchen kommen
e) vom Sofa heruntergehen
f) sich ins Körbchen legen

a) „Hol das Stöckchen!"

b)

c)

d)

e)

f)

Lösungen

1

a) „Hol(e) das Stöckchen!“

b) „Bell(e) nicht so laut!“

c) „Bring(e) den Ball her!“

d) „Komm(e) zu Herrchen!“

e) „Geh(e) vom Sofa herunter!“

f) „Leg(e) dich ins Körbchen!“

1 Mutter liest etwas aus der Zeitung vor. Jan hört leider gar nicht gut zu. Deshalb stellt er dauernd Fragen. Schreibe sie auf. Denke an die Zeichen für die wörtliche Rede und an das Fragezeichen am Ende des Satzes.

a) Mutter: „Ein Zauberer kommt in die Stadt."

Jan: „Wer ____________________ ?"

b) Mutter: „Er nennt sich Magico Abraxas der Große."

Jan: „Wie ____________________

c) Mutter: „Er tritt in der Stadthalle auf."

Jan: „Wo ____________________

d) Mutter: „Die erste Vorstellung ist Mittwoch Nachmittag."

Jan: „Wann ____________________

e) Mutter: „Sein Meisterstück soll das Wegzaubern eines Kindes auf offener Bühne sein."

Jan: „Was ____________________

Lösungen

1

a) „Wer kommt in die Stadt?“

b) „Wie nennt er sich?“

c) „Wo tritt er auf?“

d) „Wann ist die erste Vorstellung?“

e) „Was soll sein Meisterstück sein?“

1 Ergänze die fehlenden Satzzeichen und die Zeichen für die wörtliche Rede.

Die Schüler der Klasse 3b mögen den netten, grauhaarigen Herrn Schröder sehr ___ Er ist freundlich und hilfsbereit ___ Wenn bloß sein Unterricht nicht manchmal so langweilig wäre ___

In der dritten Stunde ist Mathe-Unterricht ___ Was Herr Schröder wohl heute vorhat ___ Es ist wirklich keine Überraschung ___ Wie immer kündigt er an: ___ Wir machen zuerst Kopfrechnen ___ Habt ihr dazu Lust ___

Alle stöhnen ___ Nina stöhnt besonders laut: ___ Immer dasselbe ___ Immer nur Zahlen, Zahlen, Zahlen ___ Können wir nicht einmal etwas anderes machen ___

Herr Schröder lächelt schelmisch: ___ Zahlen gehören nun mal zum Mathe-Unterricht ___ Aber na gut ___ Wollt ihr denn lieber mit Computern rechnen ___

Da hört man alle Schüler jubeln: ___ Au ja ___ Klasse ___ ___ Super ___ Einmalig ___ Toll ___

___ Prima ___ Los geht's ___, meint Herr Schröder. ___ Also: Wie viel sind 3 Computer plus 5 Computer ___

Lösungen

1 Die Schüler der Klasse 3b mögen den netten, grauhaarigen Herrn Schröder sehr. Er ist freundlich und hilfsbereit. Wenn bloß sein Unterricht nicht manchmal so langweilig wäre!

In der dritten Stunde ist Mathe-Unterricht. Was Herr Schröder wohl heute vorhat? Es ist wirklich keine Überraschung! Wie immer kündigt er an: „Wir machen zuerst Kopfrechnen. Habt ihr dazu Lust?“

Alle stöhnen. Nina stöhnt besonders laut: „Immer dasselbe! Immer nur Zahlen, Zahlen, Zahlen! Können wir nicht einmal etwas anderes machen?“

Herr Schröder lächelt schelmisch: „Zahlen gehören nun mal zum Mathe-Unterricht. Aber na gut. Wollt ihr denn lieber mit Computern rechnen?“

Da hört man alle Schüler jubeln: „Au ja!“ „Klasse!“ „Super!“ „Einmalig!“ „Toll!“

„Prima! Los geht's!“, meint Herr Schröder.
„Also: Wie viel sind 3 Computer plus 5 Computer?“

(Manchmal kann es auch richtig sein, wenn du statt eines Punkts ein Ausrufezeichen gesetzt hast und umgekehrt.)

1 Lies die Geschichte auf der Lösungsseite der letzten Aufgabe noch einmal genau durch und beantworte dann folgende Fragen durch Ankreuzen.

a) Wie alt ist Herr Schröder ungefähr?

○ 30 Jahre ○ 60 Jahre ○ 80 Jahre ○ 100 Jahre

b) Wie spät ist es ungefähr, als die Mathematikstunde beginnt?

○ 8 Uhr ○ 10 Uhr ○ 12 Uhr ○ 14 Uhr

c) Wie gern mögen die Schüler Herrn Schröder?

○ sehr gern ○ gern
○ nur ein bisschen ○ gar nicht gern

d) Was erwarten die Schüler wohl, als Herr Schröder fragt, ob sie lieber mit Computern rechnen wollen?

○ dass Herr Schröder einen Computer ans Pult holt
○ dass Herr Schröder einen Computer an die Tafel malt
○ dass sie in den Computerraum der Schule gehen

e) Wie verhalten sich die Schüler wohl nach dem Ende der Geschichte?

○ Sie sind wütend und schreien durch die Klasse.
○ Sie freuen sich riesig, weil sie nicht mehr mit Zahlen rechnen.
○ Sie lachen, aber sie sind etwas enttäuscht.

Lösungen

1

a) 60 Jahre (Denn er ist grauhaarig, aber immer noch als Lehrer tätig.)

b) 10 Uhr (Denn es beginnt die dritte Unterrichtsstunde.)

c) sehr gern (Das steht im ersten Satz.)

d) dass sie in den Computerraum der Schule gehen

e) Sie lachen, aber sie sind etwas enttäuscht.